Técnicas para el manejo de la ira

Guía para niños

VINTAGE ESPAÑOL

UNA DIVISIÓN DE PENGUIN RANDOM HOUSE LLC

NUEVA YORK

Técnicas
para el manejo de la ira

Guía para niños

40 fantásticas actividades para ayudar a los niños a calmarse, lidiar con la ira y recobrar el control

Amanda Robinson

Traducción de María Laura Paz Abasolo

PRIMERA EDICIÓN VINTAGE ESPAÑOL, FEBRERO 2021

Copyright de la traducción © 2021 por Vintage Español, una división de Penguin Random House LLC

Copyright de las ilustraciones © 2020 por Pau Morgan

Todos los derechos reservados. Publicado en los Estados Unidos de América por Vintage Español, una división de Penguin Random House LLC, Nueva York, y distribuido en Canadá por Penguin Random House Canada Limited, Toronto. Originalmente publicado en inglés bajo el título *Anger Management Skills Workbook for Kids* por Z Kids, un sello de Zeitgeist, una división de Penguin Random House LLC, Nueva York, en 2020. Copyright del texto © 2020 por Penguin Random House LLC.

Información de catalogación de publicaciones disponible en la Biblioteca del Congreso de los Estados Unidos.

Vintage Español ISBN en tapa blanda: 978-0-593-31187-5

Diseño del libro por Aimee Fleck

www.vintageespanol.com

Impreso en los Estados Unidos de América

10 9 8 7 6 5 4 3 2 1

Para mis padres

Índice

Capítulo 3: **Aprende a controlarte**

Capítulo 4: **Enfrenta lo que te saca de quicio**

Capítulo 5: **Resuelve los problemas**

Capítulo 6: ¡Exprésate!

Capítulo 7: ¡Siéntete increíble!

Introducción para padres

Bienvenido al libro de trabajo *Técnicas para el manejo de la ira*. Soy Amanda Robinson, consejera profesional y terapeuta lúdica registrada. Quizá te parezca que tu hijo es el único niño con dificultades, pero no es así. He trabajado en terapia infantil desde 2013, y he visto a muchos niños con problemas para regular sus emociones. Mientras algunos niños cuentan con las habilidades necesarias para controlar la ira, otros carecen de las herramientas precisas para expresarla de forma sana y eficaz. (A decir verdad, ¡a veces los adultos también tienen problemas con esto!).

Los padres (uso la palabra *padres* para simplificar, pero también me refiero a los cuidadores y tutores) desempeñan el papel más importante en el proceso de ayudar a sus hijos a sentirse y comportarse mejor. Ustedes son los verdaderos expertos en sus hijos, y pueden ser tan efectivos como los terapeutas, si cuentan con las herramientas y el conocimiento debidos. Es por eso que, para obtener resultados óptimos, debes trabajar junto con tu hijo en los ejercicios de este libro. Así sabrás qué técnicas está aprendiendo y podrás recordarle que las aplique.

Al aplicar los consejos de este libro, verás una mejoría en el comportamiento de tu hijo, tanto en casa como en la escuela. Empezarás a sentirte más conectado con él, y este se comportará mejor con sus hermanos. Incluso, ¡es posible que las herramientas que ofrecen estas páginas sean beneficiosas para ti! Como sabemos, los niños imitan el comportamiento que observan, y necesitan que los adultos que los rodean expresen la ira de manera sana.

Debes saber que, como sucede con cualquier otra aptitud, estas herramientas requieren práctica, y quizá pase tiempo antes de que tu hijo las asimile. Ningún libro o intervención puede cambiar el comportamiento de la noche a la mañana. Es posible que te sientas cansado y no tengas paciencia, pero si eres consistente verás los cambios con el paso del tiempo.

Al final de cada capítulo encontrarás una sección titulada "¡Sigue así!", con juegos y ejercicios para que tu hijo practique las habilidades para manejar la ira. Las actividades están diseñadas para que la familia entera las realice. Recuérdales a todos los miembros de tu familia que deben escucharse con comprensión, sin juicios, durante las actividades. Nadie deberá ser forzado a hablar si no quiere hacerlo.

Una vez que tu hijo domine las técnicas de este libro, sabrá (con tu participación y guía) cómo identificar sus emociones, retar los patrones de pensamiento negativos y poner en práctica las destrezas saludables de adaptación aprendidas, cuando surjan sentimientos de enojo. Tu familia se sentirá mejor y la vida será un poco más pacífica para todos.

Considera que este libro no pretende reemplazar la terapia. Si tu hijo cumple con cualquiera de los siguientes criterios, debes buscar ayuda profesional para que aprenda a manejar la ira:

- Los problemas de enojo del niño son nuevos y comenzaron después de un evento traumático.

- El comportamiento de ira le está provocando al niño graves problemas en la escuela.

- El comportamiento de ira interfiere con la capacidad del niño de socializar con otros niños, y muchas veces no lo invitan a jugar.

- La autoestima del niño está siendo afectada.

- El niño presenta otra clase de problemas, como dificultad para dormir, falta de interés en actividades que solía disfrutar, dolores de cabeza o de estómago frecuentes, entre otros.

- El niño ha pedido directamente hablar con alguien fuera de su familia.

Introducción para niños

¡Hola! Soy Amanda, y escribí este libro para ayudarte a aprender sobre tu ira y sobre cómo controlarla. ¿Sabías que enojarse es normal en los seres humanos? ¡Para nada es algo malo! Pero, muchas veces, cuando estamos enojados hacemos cosas que no ayudan, como azotar puertas o pegarle a alguien. Esas acciones pueden lastimar a otros y meternos en problemas. Si te ha pasado, no estás solo. Muchos niños (y hasta algunos adultos) no saben cómo controlar su ira; necesitan ayuda.

¡Y para eso sirve este libro! Está lleno de actividades divertidas, creadas para niños de tu edad. Es mejor si las haces con un adulto, para que ambos puedan saber de dónde proviene tu enojo y qué puedes hacer para "sacarlo" de ti.

Aprender estas habilidades requiere tiempo y práctica, lo mismo que aprender a sostener un lápiz o a montar bicicleta. Una vez que las domines, te sentirás más tranquilo y en control. Quizá te parezca también que te metes en menos problemas y te llevas mejor con tu familia y tus amigos.

¡Empecemos tu viaje a través de estas páginas! Estaré contigo en cada paso del camino.

Capítulo 1

Dile hola y adiós a tu ira

Este libro te enseñará herramientas para manejar la ira de una forma sana y provechosa, ¡pero no puedes aprender a controlarla hasta que comprendas de dónde proviene! Las actividades en este capítulo te darán las palabras adecuadas para nombrar la ira y otros sentimientos similares. También aprenderás a reconocer qué factores (dentro y fuera de tu mente) disparan tu enojo, y cómo tus acciones afectan a la gente a tu alrededor. Al final de este capítulo (y de todos los demás) encontrarás actividades divertidas que puedes realizar con tu familia para practicar esas habilidades. Al final del libro encontrarás la sección de Respuestas, en caso de que necesites un poco de ayuda para verificar las tuyas.

Decodifica los sentimientos de enojo

¿Has notado que tus emociones se presentan en diferentes niveles? En ciertos momentos te puedes sentir un poco molesto nada más, mientras que en otros te sientes mucho más alterado. También es posible que tus sentimientos pasen rápidamente de leves a intensos. Abajo encontrarás varias palabras para nombrar el enojo, ¡pero todas están escritas en un código numérico! Usa la clave a tu derecha para descubrir cuáles son estas palabras.

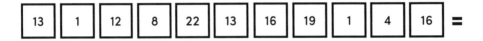

| 13 | 1 | 12 | 8 | 22 | 13 | 16 | 19 | 1 | 4 | 16 | **=** |

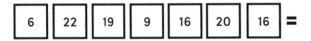

| 6 | 22 | 19 | 9 | 16 | 20 | 16 | **=** |

| 5 | 14 | 16 | 10 | 1 | 4 | 16 | **=** |

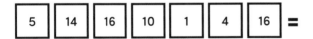

| 13 | 16 | 12 | 5 | 20 | 21 | 16 | **=** |

| 6 | 19 | 22 | 20 | 21 | 19 | 1 | 4 | 16 | **=** |

1 = A
2 = B
3 = C
4 = D
5 = E
6 = F
7 = G
8 = H
9 = I
10 = J
11 = K
12 = L
13= M
14 = N
15 = Ñ
16 = O
17 = P
18 = Q
19 = R
20 = S
21 = T
22 = U
23 = V
24 = W
25 = X
26 = Y
27 = Z

Si la ira tuviera una temperatura, ¿cuál de los sentimientos de la página anterior te parecería el más "caliente"? Escribe las palabras en orden en las líneas junto al termómetro, comenzando por el sentimiento más débil (abajo) y terminando con el más fuerte (arriba).

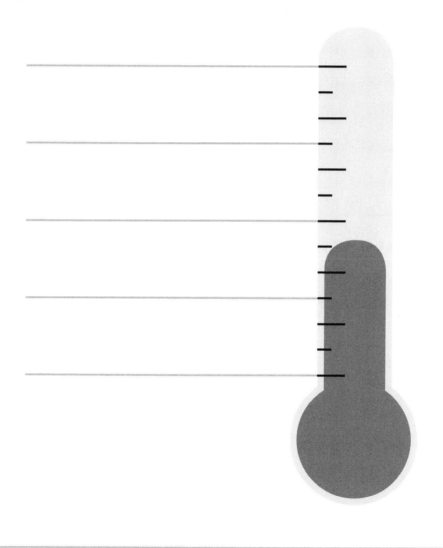

Me molesta cuando...

Estos insectos están diciendo varias cosas que pueden molestar a los niños. Colorea los insectos que dicen algo que te enoja o te enfurece. Si no te molesta lo que dice, no lo colorees.

Tengo que ir a algún
lugar adonde no quiero ir

Alguien toma mis cosas
sin pedírmelas

Me gritan

Alguien se burla de mí

Me meto en problemas

Alguien me pega

Siento que nadie se
preocupa por mí

Tengo que hacer algo
que no quiero

Alguien sigue haciendo
algo después de haberle
pedido que no lo haga

Pierdo en un juego

Quiero algo que no
puedo tener

No recibo la atención
que necesito

No puedo tomar mis
propias decisiones

¿Se te ocurren otras cosas que te hagan sentir molesto o malhumorado? Anótalas:

_____   _____

_____   _____

_____   _____

Volcán de ira

La actividad 2 te enseñó que hay cosas fuera de nuestro cuerpo y nuestra mente que nos pueden molestar. Sin embargo, a veces lo que nos provoca frustración es invisible y surge de nuestra propia mente. Cuando intentamos suprimir e ignorar esas emociones, no se van; en cambio, se acumulan hasta que explotan. En esto, la ira es parecida a un volcán: no siempre podemos ver lo que está hirviendo bajo la superficie, ¡aunque todos nos damos cuenta cuando hace erupción! Colorea el volcán en la siguiente página, y marca en la lista de abajo los pensamientos y sentimientos invisibles que desatan tu ira.

☐ Cuando siento que no me escuchan

☐ Cuando hieren mis sentimientos

☐ Cuando me siento avergonzado

☐ Cuando pienso que no soy bueno en algo

☐ Cuando estoy aburrido

☐ Cuando estoy asustado o nervioso

☐ Cuando me siento excluido

☐ Cuando cometo un error y me siento mal

¡Grrr! Mi ira es como un...

Muchas veces mostramos nuestros sentimientos en el rostro o el cuerpo. Cuando estamos felices, sonreímos más; si estamos asustados, nos quedamos inmóviles o nos mordemos los labios. También damos señales cuando estamos enojados. Abajo hay una lista de señales corporales que muchas personas experimentan cuando se enojan. Encierra en un círculo las que te ocurren a ti.

Aprietas los puños

Se te enrojece la cara

Respiras más rápido

El corazón te late
más fuerte

Sientes ganas de llorar

Te es difícil pensar
con claridad

Te es difícil hablar

Frunces el ceño

Sientes calor en
la cara

Aprietas la mandíbula

Sientes sed

Sientes presión
en el pecho

Ahora, dibuja un animal al que te parezcas cuando estás muy enojado:

Mi ira es como un _____

Cómo demuestro mi enojo

Cuando te sientes furioso por algo, ¿qué haces con esa energía?

Tal vez haces o dices cosas que hieren a otras personas, o que te meten en problemas. ¡Quizá haces cosas que nunca harías cuando te sientes tranquilo y contento! Aunque no está bien dañar a las personas o las cosas, no quiere decir que seas una mala persona si lo haces. Todos cometemos errores a veces. Es importante ser honesto sobre lo que haces cuando te enojas, para que puedas aprender a expresar tus emociones de una mejor manera.

En la siguiente página encontrarás un cuento sobre Ava, una chica que se molesta y expresa su ira de formas que no la ayudan. Léelo, o pídele a un adulto que te lo lea. Encierra en un círculo las palabras que describen sentimientos, y subraya las cosas que tú has hecho cuando te has enojado.

Ava se enojó

Ava estaba jugando en su cuarto, cuando su hermano entró sin pedir permiso. Ava se sintió molesta porque se suponía que él le preguntara primero, y le gritó que saliera de su cuarto. Su hermano no lo hizo y Ava se sintió frustrada. Lo insultó, le pegó, dio un pisotón contra el suelo e hizo una mueca para asustarlo. Su hermano no se movió y Ava se enfureció. Aventó sus juguetes y sacó a su hermano a empujones. Luego azotó la puerta.

¡Sigue así!

1 DIBUJA TU IRA

Cada miembro de la familia debe dibujar algo que lo enoje. Cuando terminen, muestren sus dibujos y descríbanlos.

HABILIDAD QUE SE PRACTICA:

identificar los detonantes externos de la ira

2 HAZ UN VOLCÁN

Este proyecto puede ensuciar, ¡así que hazlo afuera!

1. Antes de empezar, relean la actividad 3 para que todos refresquen en su mente la conexión entre la ira y los volcanes.
2. Llenen una botella de 2 litros con agua caliente hasta poco menos del tope, y déjenla en el piso.
3. Pónganle unas seis gotas de detergente lavavajillas.
4. Añadan dos cucharadas de bicarbonato de sodio.
5. Rápidamente y con cuidado, viertan ¼ de taza de vinagre y ¡aléjense! Mientras el volcán hace erupción, todos deben gritar algo que los provoque internamente.

HABILIDAD QUE SE PRACTICA:

identificar los detonantes internos de la ira

3   HACER TÍTERES DE ANIMALES

Con bolsas de papel y materiales de arte, cada miembro de la familia debe hacer un títere que represente a un animal. El niño que está estudiando este libro hará el mismo animal que dibujó en la actividad 4. La familia entera entrevistará, a través de sus títeres, a los demás animales sobre lo que sienten y hacen cuando se enojan. Estas preguntas te pueden ayudar a empezar tu entrevista:

- ¿Qué clase de animal eres?
- ¿Qué te hace enojar?
- ¿Qué haces cuando te enojas?
- ¿Dónde sientes la ira en tu cuerpo?

HABILIDADES QUE SE PRACTICAN:

identificar los detonantes de la ira, describir cómo se siente físicamente e identificar comportamientos poco constructivos

4   DIBUJA DISTINTOS NIVELES DE IRA

Revisen los niveles de la ira en la actividad 1. Cada miembro de la familia debe dibujar una cara que represente cada sentimiento. ¿En qué se diferencia una cara molesta de una frustrada o de una furiosa?

HABILIDAD QUE SE PRACTICA:

comprender la intensidad de los niveles de la ira

5   JUGAR A LA GUERRA

Utilizando una baraja normal de cartas, jueguen a la guerra en equipos. Cada vez que salga un as, el equipo que lo sacó nombrará un comportamiento iracundo inútil. Quien gane cada ronda se queda con las cartas, y quien tenga más cartas al final, gana el juego. Las respuestas deben ser generales y no especificar ni criticar el comportamiento de ninguna persona en particular.

HABILIDAD QUE SE PRACTICA:

identificar comportamientos que no ayudan

Capítulo 2

Crea tranquilidad

Ahora que le pusiste nombre a tu ira, y sabes qué la provoca y cómo se siente, puedes empezar a aprender algunas habilidades para lidiar con ella. Este capítulo te ayudará a aprender a calmarte y relajarte. Es importante que sepas cómo tranquilizarte cuando intentas controlar tus emociones. ¡También puedes practicar estos ejercicios cuando te sientas bien! Si los haces muchas veces, será más fácil aplicarlos cuando estés alterado y los necesites.

Respira buena vibra

Una de las mejores maneras de deshacerse del estrés y encontrar la calma es practicar la respiración. Te sonará tonto practicar cómo respirar ¡porque ya lo haces sin siquiera pensarlo! Pero la respiración relajante no es igual a la respiración normal. Debes poner atención a la forma en que lo haces, además de a cómo te hace sentir. Prueba los siguientes ejercicios de respiración y marca las casillas después de completarlos.

Con un dedo, recorre la espiral. Inhala mientras sigues la línea desde afuera hacia el centro, y exhala mientras regresas desde el centro hacia afuera. ¡Intenta hacerlo más despacio cada vez!

Con un dedo, traza el cuadrado de abajo y sigue las instrucciones.

INHALA MIENTRAS CUENTAS HASTA 4

AGUANTA LA RESPIRACIÓN Y CUENTA HASTA 4

AGUANTA LA RESPIRACIÓN Y CUENTA HASTA 4

EXHALA MIENTRAS CUENTAS HASTA 4

Recuéstate boca arriba en el piso y coloca un animal de peluche sobre tu abdomen. Inhala y exhala. ¿El animal sube y baja mientras respiras? Si es así, ¡lo estás haciendo bien! Si no, sigue practicando llevar el aire hacia tu estómago.

Cierra los ojos e imagina que estás soplando las velitas de tu pastel de cumpleaños. Recuerda, ¡tienes que soplar duro y de forma constante si quieres que se apaguen todas con una sola exhalación!

Los músculos que se enojan

Cuando nos estresamos o nos frustramos, a veces tensamos los músculos sin darnos cuenta. Eso hace que nuestro cuerpo se sienta rígido. Los ejercicios musculares te ayudarán a notar cuándo tu cuerpo se tensa, para que puedas intervenir y relajarlo.

A continuación encontrarás varios ejercicios musculares, pero le falta una palabra a cada uno. Llena el espacio en blanco con tus propias ideas, valiéndote de las pistas entre paréntesis. ¡Siéntete libre de jugar con ellas! Cuando termines de llenar los espacios en blanco, realiza los ejercicios. Aprieta cada músculo durante 10 segundos, y luego relájalo.

Enrosca los dedos del pie como si estuvieras parado en _____ .
(UNA COSA BLANDITA)

Aprieta los puños como si estuvieras exprimiendo _____ .
(UN TIPO DE FRUTA)

Levanta los brazos como si quisieras

alcanzar _____ .
(ALGO EN EL CIELO)

Aprieta la mandíbula como si estuvieras

masticando _____ .
(UNA COSA DURA)

Dobla las rodillas y agáchate como si

fueras a sentarte en _____ .
(UN MUEBLE)

Arruga la cara como si tuvieras

_____ en la nariz.
(INSECTOS)

Aprieta el estómago como si

_____ estuviera sentado
(UN ANIMAL PESADO)

sobre ti.

Estírate

Hacer estiramientos puede beneficiarte de muchas maneras. Te ayuda a despertar en la mañana, prepara tus músculos antes de practicar algún deporte y te relaja cuando te sientes inquieto. Estirarte hará que tu cuerpo se sienta mejor, y un cuerpo tranquilo puede dar lugar a una mente tranquila.

Puedes probar este estiramiento. Se llama la posición del niño, ¡así que es perfecta para ti! Intenta mantenerla durante 10 segundos.

POSICIÓN DEL NIÑO

POSICIÓN DEL ÁRBOL

Otro gran estiramiento se llama la posición del árbol. Asegúrate de probarla durante 10 segundos sobre cada pie.

¿Estás listo para practicar más estos estiramientos? Pídele a un adulto que te lea, despacio, la historia siguiente. Cuando escuches la palabra "árbol", ponte en la posición del árbol, y cuando escuches la palabra "niño", cambia a esa posición.

En el parque, un niño está trepando un árbol. ¡El árbol es muy grande! El niño se agarra de las ramas para subir más y más alto. Las ramas del árbol son fuertes, y el niño se siente seguro. La ropa del niño es de color azul claro, así que es fácil distinguirlo entre las ramas del árbol.

¿Dónde te sientes en calma?

Otro modo de tranquilizarte es meditando, que en realidad es solo una forma bonita de decir que pones atención a lo que pasa en tu cuerpo y en tu mente en ese instante. Pídele a un adulto que te lea, despacio, el siguiente guion mientras lo recreas en tu cabeza.

Siéntate en un lugar cómodo y cierra los ojos. Respira profundamente tres veces, exhalando con lentitud en cada ocasión. Uno... dos... tres. Ahora piensa en un lugar donde te sientas relajado y feliz. Puede ser un lugar que hayas visitado o un lugar que inventes en tu mente. Imagina que estás ahí. Pon atención a lo que puedes ver... lo que puedes oír... lo que puedes tocar... lo que puedes oler... y lo que puedes degustar. Piensa en cómo te sientes en ese tranquilo lugar.

Ahora utiliza el espacio de abajo para dibujar el lugar que imaginaste. ¡Recuerda incluir las cosas que viste, escuchaste, tocaste, oliste y degustaste! Incluye tantos detalles como puedas.

En mi lugar en calma me siento

Súbete al tren de los sentimientos

¡Chu, chu! El tren de los sentimientos llegó a la estación. Antes de partir, necesita combustible. Escribe todos los sentimientos que se te ocurran, positivos o negativos, para ayudarlo a seguir su viaje. Te ofrezco un par de ejemplos.

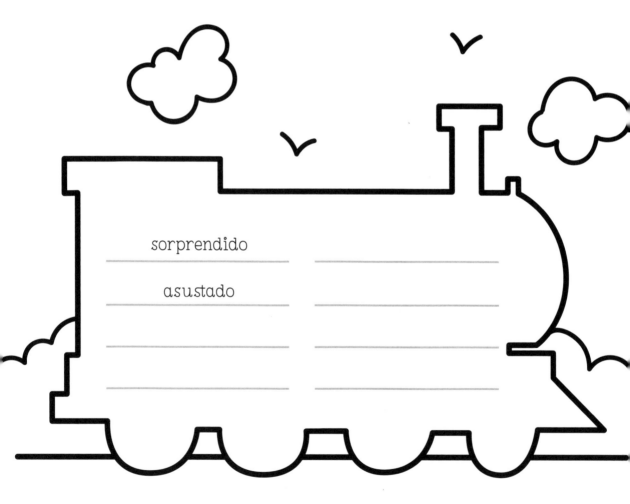

sorprendido

asustado

Hay muchas formas saludables de comunicar tus
sentimientos a los demás. Trata de encontrarlas
en la siguiente sopa de letras.

```
U  V  B  L  F  V  H  D  B  T
B  S  Z  M  G  A  X  I  C  E
Q  H  A  P  G  E  M  B  A  S
U  I  Q  T  A  Z  N  U  N  C
N  N  M  W  I  B  L  J  T  R
O  J  H  R  P  T  A  A  A  I
M  D  A  S  E  I  E  I  G  B
S  X  B  X  L  N  N  R  L  E
S  W  L  V  J  N  Y  T  E  A
W  K  A  D  O  P  S  O  A  S
```

Habla   Escribe   Dibuja

Baila   Canta   Usa títeres

               Pinta

Gratitud, no actitud

En ciertos momentos, es importante pensar y hablar de nuestros problemas, pero si pensamos nada más en los problemas y nunca en lo bueno, ¡jamás nos vamos a sentir bien en la vida! La gratitud es un sentimiento que permite apreciar lo que tienes. Si pones atención a lo bueno que te sucede cada día, te llenarás de gratitud. Y a mayor gratitud, menor enojo.

Estos cuadros incluyen muchas cosas que la gente suele agradecer:

PERSONAS	NECESIDADES	COSAS DIVERTIDAS
Familia	Comida	Juguetes
Amigos	Agua	Libros
Compañeros de escuela	Hogar	Viajes
Maestro/ Personal de la escuela	Salud	Electrónicos
Doctor/ Dentista	Seguridad	Pasatiempos

OTROS

Mascotas   Tus fortalezas

Tus talentos   Bondad

Dibuja las tres cosas por las que te sientes más agradecido, y etiquétalas abajo del dibujo. ¡A lo mejor se te ocurrió algo que no está en los cuadros anteriores!

¡Sigue así!

1 RELAJACIÓN MUSCULAR

Repasen los ejercicios de relajación muscular de la actividad 2. Con el niño marcando el paso, la familia puede practicar los ejercicios juntos.

HABILIDAD QUE SE PRACTICA:
relajación muscular

2 GRATITUD EN LA CENA

En la cena (o en la siguiente comida familiar), los miembros de la familia pueden tomar turnos para mencionar una cosa por la que se sientan agradecidos. ¡Practíquenlo todos los días!

HABILIDAD QUE SE PRACTICA:
gratitud

3 HISTORIA FAMILIAR PARA ESTIRARSE

Repasen las posiciones de yoga de la actividad 3. Juntos en familia, inventen una historia diferente, con las mismas posiciones o con otras. Mientras una persona lee el cuento, el resto de la familia practicará las posiciones.

HABILIDAD QUE SE PRACTICA:
estiramientos

4 MÍMICA DE SENTIMIENTOS

Escriban cada uno de los sentimientos listados a continuación en un pedacito de papel. Por turnos, cada miembro de la familia tomará un papel y representará la emoción (usando expresiones faciales y movimientos corporales), mientras los demás intentan adivinar cuál es.

HABILIDAD QUE SE PRACTICA:

identificar sentimientos

SUGERENCIAS DE SENTIMIENTOS:

- Feliz
- Emocionado
- Confundido
- Frustrado
- Molesto
- Furioso
- Asustado
- Aburrido
- Triste

5 SOPLAR BURBUJAS

Por turnos, cada miembro de la familia intentará soplar para formar una gran burbuja, siguiendo un conteo hasta cinco. ¡Traten de hacerlo sin que se reviente! Observen que la respiración es la misma que para la relajación: inhalaciones profundas y exhalaciones constantes.

HABILIDAD QUE SE PRACTICA:

respiración

Capítulo 3

Aprende a controlarte

Las técnicas de autocontrol que aprendiste en el capítulo anterior son buenas para relajar tu mente y tu cuerpo. Cuando estás tranquilo, puedes mantener bajo control tu ira y otras emociones con mayor facilidad. En este capítulo aprenderás a ejercitar tu paciencia y a pensar más positivamente sobre ti y el mundo. También practicarás la planificación y el análisis de las consecuencias, para tomar buenas decisiones.

Piensa bien las cosas

Dediquemos un poco de tiempo a conocer el cerebro. La parte central de tu cerebro procesa los sentimientos, y le gusta actuar con prisa, sin pensar. Llamémosle *cerebro emocional*. El cerebro emocional está al mando cuando te enojas y gritas, o cuando avientas algo sin habértelo propuesto.

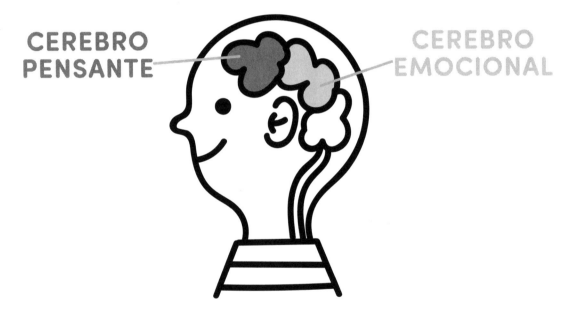

CEREBRO PENSANTE

CEREBRO EMOCIONAL

A la parte frontal de tu cerebro le gusta pensar bien las cosas antes de actuar. Llamémosle *cerebro pensante*. El cerebro pensante está al mando cuando meditas con calma un problema y planeas una solución inteligente. El cerebro pensante no es mejor que el cerebro emocional; ambos hacen labores importantes. Sin embargo, para controlar tus sentimientos y tomar buenas decisiones, ¡debes entrenar tu cerebro pensante!

Ayuda a fortalecer tu cerebro pensante con estos ejercicios:

ACERTIJO:

Es ligero como una pluma, pero incluso la persona más fuerte no puede aguantarlo más de cinco minutos. ¿Qué es?

_____

REACOMODA LAS PALABRAS:

COREBRE _____

RASPEN _____

RITNES _____

LACAM _____

LLENA EL ESPACIO EN BLANCO:

🍎 + 🍎 + 🍎 = 9

🍎 + 🍎 + 🍎

+ 🍎 = _____

RESUELVE EL PROBLEMA:

Katy es dos años mayor que Jackson. Blair es un año mayor que Katy. Jackson tiene ocho años.

¿Cuántos años tienen Katy y Blair?

_____

Predice las consecuencias

Cada vez que haces algo, sucede algo. Se llama consecuencia, y puede ser buena o mala. Si ayudas a tu mamá a lavar los platos, la consecuencia puede ser que se sienta feliz y te dé un abrazo. Si incumples el reglamento de la escuela, la consecuencia puede ser que te quedes sin recreo. Predecir las consecuencias *antes* de decidir algo ayuda a tomar buenas decisiones.

Imagina que eres un adivino y puedes ver el futuro. Usa tu bola de cristal y ayuda a los niños de la página siguiente a anticipar la consecuencia de sus actos.

> **Ejemplo:** La mamá de Charlie le dijo que no
> podía comer más galletas. Charlie decidió
> comer más de todos modos.
>
> ¿Qué crees que pasará a continuación?
>
> Es posible que Charlie se meta en problemas con su mamá.

1. Joey tiró el rompecabezas de Anna por accidente, y Anna tiró el de Joey.

   ¿Qué crees que pasará a continuación?

   _____

2. Kaiden le pegó a su prima porque esta estaba usando el juguete que él quería.

   ¿Qué crees que pasará a continuación?

   _____

3. Mia azotó la puerta porque su papá le pidió que organizara su cuarto.

   ¿Qué crees que pasará a continuación?

   _____

Sé paciente

Cuando no tenemos paciencia para esperar, nos sentimos inquietos y frustrados. Esta abejita está impaciente por llegar a su colmena. ¿Puedes guiarla con paciencia a través del laberinto hasta su hogar?

INICIO

FINAL

TRES CONSEJOS PARA SER PACIENTE:

1. Respira despacio.
2. Practica un juego sencillo, como "Yo veo".
3. Intenta pensar en otra cosa.

No seas duro contigo mismo

Es normal que te sientas mal después de cometer un error. Cuando nos sentimos mal o culpables, es señal de que hicimos algo malo y necesitamos arreglarlo. Pero también debemos recordar que las malas decisiones no nos convierten en malas personas. Hay muchísimas cosas maravillosas en ti. Conforme colorees cada rosquilla, lee para ti el texto que está abajo.

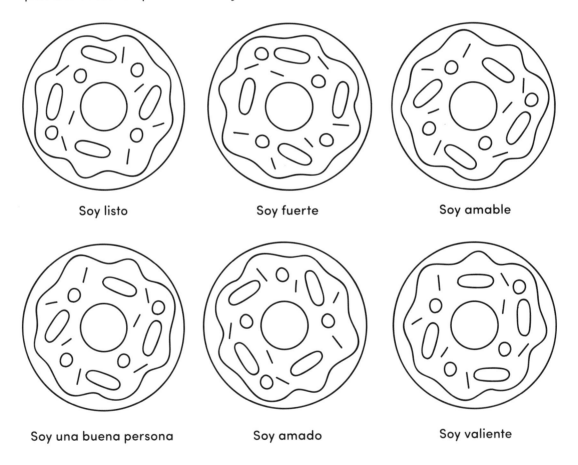

Soy listo   Soy fuerte   Soy amable

Soy una buena persona   Soy amado   Soy valiente

Ahora, ¡dibuja tu propia rosquilla! Coloréala y escribe abajo una afirmación positiva sobre cómo controlar tu ira. Puedes copiar una de las sugerencias que aparecen a continuación o crear la tuya.

SUGERENCIAS: Puedo lograrlo • Puedo controlar mi ira • Puedo estar tranquilo

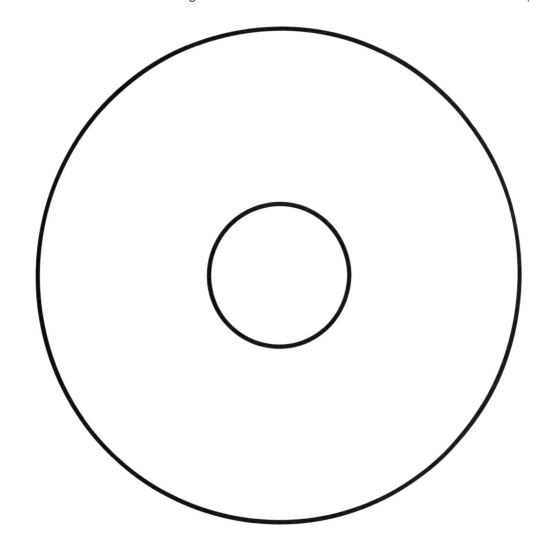

Capitán Optimismo

Cuando estamos de mal humor, nos ponemos irritables, pensamos en cosas malas y bloqueamos las buenas. Todas las personas tienen días malos, y tenemos derecho a sentirnos tristes o irritables, pero si pensamos demasiado en lo malo nos podemos sentir peor.

Por eso debemos esforzarnos en pensar positivamente. Para esta actividad, imagina que eres un superhéroe llamado Capitán Optimismo. Tu deber es cambiar, en la página siguiente, todos los pensamientos inservibles por otros provechosos. Si no lo haces, ¡la negatividad ganará!

Una vez que hayas completado la tabla, diseña un disfraz de superhéroe para el Capitán Optimismo.

PENSAMIENTOS INSERVIBLES	PENSAMIENTOS PROVECHOSOS
Ejemplo: Saqué una mala calificación en mi examen. No soy listo.	Hice lo mejor que pude. Soy listo en otras cosas, como en matemáticas.
No pude jugar mi juego favorito en el centro comercial.	
¡Las ciencias son muy difíciles para mí! No puedo.	
¡Mis papás siempre están demasiado ocupados para jugar conmigo! No es justo.	
Mi equipo de fútbol perdió el partido por culpa de Jacob.	
Si Tessa no se sienta junto a mí a la hora del almuerzo, ya no será mi mejor amiga.	
Mi abuelo preparó brócoli para la cena... ¡Qué asco! Debió preparar algo que me guste.	

¡Sigue así!

1 JUEGA

Diviértanse en familia con juegos sencillos y entretenidos que ejerciten la paciencia y el control de los impulsos. Por ejemplo: "Luz roja, luz verde", jugar a estar callados y "Seguir al líder".

HABILIDAD QUE SE PRACTICA:

paciencia

2 EL ARTE DE LA AFIRMACIÓN

Cada miembro de la familia escribirá la afirmación que más necesite recordar, y la decorará a su gusto usando materiales de arte. Luego colóquenla donde la puedan ver a menudo, ya sea en la puerta del refrigerador o colgada junto a la cama. Revisen la actividad 4 si necesitan sugerencias.

HABILIDAD QUE SE PRACTICA:

diálogo interno positivo

3 FAMILIA DE SUPERHÉROES

El Capitán Optimismo regresa, ¡esta vez con sus leales compañeros! Los miembros de la familia deben ponerse nombres optimistas de superhéroes, y encargarse de transformar una nueva lista de pensamientos negativos en positivos, colaborando juntos.

HABILIDAD QUE SE PRACTICA:

pensar positivamente

- Tuve un día terrible porque no pude salir a jugar.
- No quiero ir a la fiesta de cumpleaños de Lena porque será aburrida.

4 ¿QUÉ TE GUSTARÍA MÁS?

La familia puede divertirse jugando a "¿Qué te gustaría más?", para que todos practiquen el pensamiento crítico. Sugerencias para comenzar:

HABILIDAD QUE SE PRACTICA:

meditar las cosas

- ¿Qué te gustaría más, tener un animal que habla o poder volar?
- ¿Qué te gustaría más, comer helado con sabor a pizza o pizza con sabor a helado?
- ¿Qué te gustaría más, nadar en ropa de invierno o jugar en la nieve en traje de baño?

5 HACER CONEXIONES

Cada miembro de la familia contará algo que hizo movido por la ira y la consecuencia negativa que experimentó. Pueden escribir sus respuestas o compartirlas en voz alta. ¡Recuerden escucharse unos a otros con comprensión!

HABILIDAD QUE SE PRACTICA:

predecir las consecuencias

EJEMPLO:

- Cuando me enojé, dije cosas desagradables y herí los sentimientos de papá.

Capítulo 4

Enfrenta lo que te saca de quicio

Ya sabes cómo tranquilizarte y meditar las cosas. Estas habilidades te pueden ayudar a sentir menos ira y tomar mejores decisiones. Sin embargo, ¡en ocasiones te seguirás enojando por ciertas cosas! Eres humano, es normal. Este capítulo te ayudará a aprender a vencer tu frustración sin lastimar a otros ni meterte en problemas. Quizá al principio te sea difícil recordar estas técnicas cuando estás enojado, pero no dejes de practicarlas.

Entretenerse para no reaccionar

Supongamos que está sucediendo algo irritante. Es posible que un compañero te esté molestando en la escuela o estés cansado de esperar en una fila muy larga. Te sientes cada vez más disgustado, pero como ya aprendiste a manejar tu ira sabes que necesitas hacer algo antes de que empeore. ¡Las distracciones te pueden ayudar!

Estas son algunas ideas para distraerte:

CONCÉNTRATE EN TUS SENTIDOS

En este momento, qué puedes...

Ver: _____

Oír: _____

Sentir: _____

Oler: _____

Degustar: _____

CUENTA

Comenzando por el número 100, cuenta hacia atrás hasta donde alcances.

¿A qué número llegaste?

_____

¡Intenta romper tu récord cada vez que lo practiques!

JUEGO DE LETRAS

Elige una letra del abecedario e intenta pensar en la mayor cantidad de palabras que empiecen con esa letra.

Escribe algunas aquí:

_____

_____

_____

_____

_____

_____

DIBUJA

Haz un dibujo pequeño con la mano izquierda, si eres diestro, o con la mano derecha, si eres zurdo. ¡Requiere concentración!

A continuación encontrarás algunas ideas para distraerte. Encierra en un círculo las que te gusten:

Leer un libro

Construir una cueva con cojines

Jugar con tu mascota

Jugar un juego

Colorear o dibujar

Salir

Mete el freno

Cuando nos enojamos, queremos lidiar con el problema en ese momento. A veces no es posible, o no es una buena idea. Enfocarnos en una emoción fuerte puede hacerla crecer hasta salirse de control. Es entonces cuando tomamos las decisiones que pueden meternos en problemas. En ocasiones es mejor detenerse y tratar de calmarse antes de lidiar con algo, al menos hasta que la ira disminuya. (¡Recuerda la escala de ira en el capítulo 1!).

Todos estos automóviles contienen una idea que ayuda a "meter el freno" y calmarse. Conforme coloreas cada uno, piensa en ella. Dibuja un asterisco junto a los tres pensamientos que más te gusten.

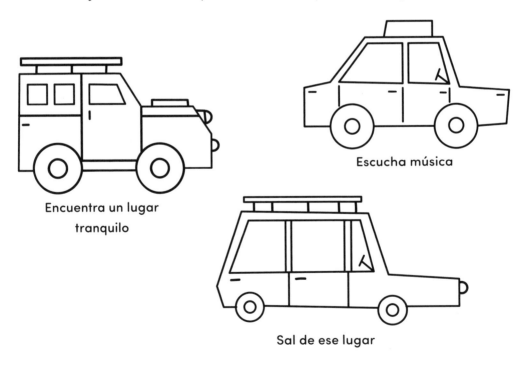

Encuentra un lugar
tranquilo

Escucha música

Sal de ese lugar

Ve por algo de tomar

Estírate

Come algo

Cuenta hasta 10

Respira hondo

Sopla burbujas

Enfrenta tu frustración

Tomar un descanso y distraerse son soluciones magníficas a corto plazo, pero no funcionan para siempre. Necesitamos enfrentar nuestros problemas y sacar los sentimientos de enojo. Piensa en tu ira como un globo: mientras más aire le echas, más grande se hace, ¿y qué pasa entonces? ¡Revienta! Sacar tu ira de vez en cuando es la mejor manera de evitar que te abrume.

A continuación encontrarás unas cuantas ideas para expresar tu ira de manera saludable. Reacomoda la palabra en desorden dentro de cada globo, y escríbela abajo.

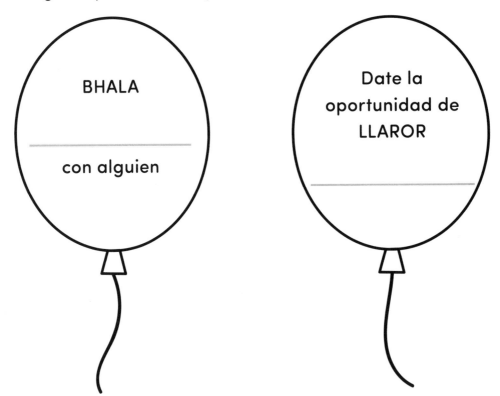

BHALA

_____

con alguien

Date la oportunidad de LLAROR

_____

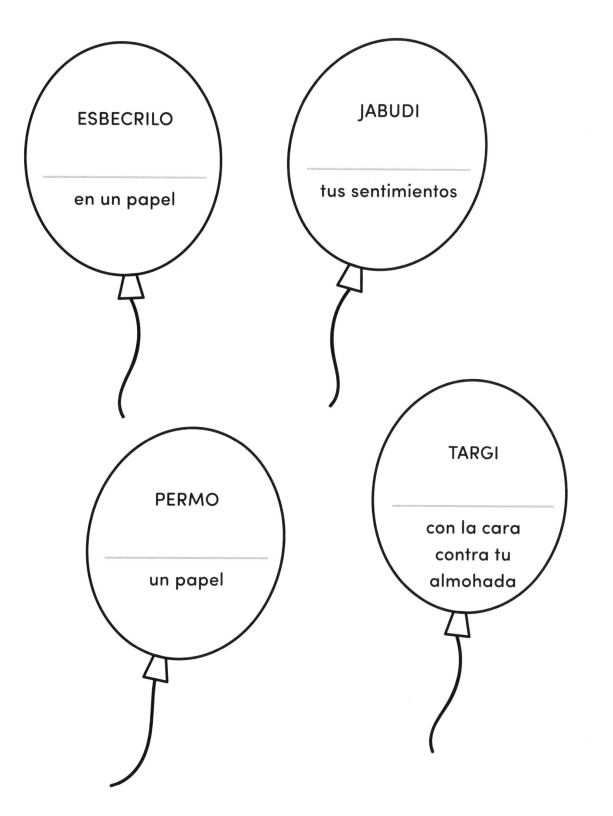

ESBECRILO

_____

en un papel

JABUDI

_____

tus sentimientos

PERMO

_____

un papel

TARGI

_____

con la cara
contra tu
almohada

Muévete

La ira hace que se acumule mucha energía dentro de tu cuerpo, y eso puede ser incómodo. ¿Cuál es un buen método para sacarla? Colorea el dibujo de la página siguiente a partir del código de números, y averigua qué es.

1 = ROJO	6 = ANARANJADO	11 = MARRÓN
2 = AMARILLO	7 = AZUL CLARO	12 = VERDE OSCURO
3 = VERDE CLARO	8 = NEGRO	13 = LILA
4 = AZUL MARINO	9 = GRIS	ESPACIOS EN BLANCO =
5 = MORADO	10 = ROSADO	BLANCO

Estas son algunas actividades físicas que ayudan a liberar la energía de la ira. Encierra en un círculo las que te gustaría probar.

Aventar o pegarle a una pelota en el patio

Correr en el jardín

Montar bicicleta

Romper ramitas

Apretar plastilina

Golpear la cama con una almohada

Dar saltos de tijera

Patear una pelota en el patio

1	2	3	4	5	6	7	8	9	10	11	12	13	14	15	16	17	18
	1				1	2		2	3	3	3	4		4	5	5	5
1	1			1	1	2		2	3			4		4	5		
1		1			1	2		2	3	3	3	4		4	5	5	5
1		1			1	2		2	3			4		4	5		
1		1			1	2		2	3			4		4	5		
1		1			1	2	2	2	3	3	3		4		5	5	5
						6	6	6	7		7						
						6			7		7						
						6			7		7						
						6			7		7						
						6			7		7						
						6			7		7						
						6			7	7	7						
8	8	8	9		9	10	10	10	11	11	11	12	12	12	13	13	13
8			9		9	10			11		11	12		12	13		13
8			9		9	10	10	10	11	11	11	12	12	12	13		13
8			9		9	10			11	11		12			13		13
8			9		9	10			11		11	12			13		13
8	8	8	9	9	9	10	10	10	11			11	12		13	13	13

Déjalo ir

Algunos problemas tienen que ser resueltos, y aprenderás cómo en el siguiente capítulo. Otros nos molestan solo por un ratito y luego desaparecen. Como no hay mucho que podamos hacer con relación a ellos, no deberíamos prestarles atención.

¿Cómo puedes saber si no deberías prestarle atención a un problema?
Hazte las siguientes preguntas:

¿Es algo que se puede cambiar?	Si el problema involucra a una persona, ¿te hizo daño a propósito?	¿Vale la pena estar enojado por ese problema?

Practiquemos esto. Encierra en un círculo la respuesta.

Ejemplo: Tu entrenador cancela el juego de fútbol porque está lloviendo.

¿Es algo que se puede cambiar?	SÍ	NO
Si el problema involucra a una persona, ¿te hizo daño a propósito?	SÍ	NO
¿Vale la pena estar enojado por ese problema?	SÍ	NO

Ahora escribe un problema que te moleste, pero que quizá puedas dejar ir:

_____

Contesta las preguntas sobre tu problema:

¿Es algo que se puede cambiar?	SÍ	NO
Si el problema involucra a una persona, ¿te hizo daño a propósito?	SÍ	NO
¿Vale la pena estar enojado por ese problema?	SÍ	NO

Si respondes "No" a dos o más de las preguntas, ¡no deberías prestarle atención al problema! Para ayudarte, pídele a un adulto que te lea con calma el texto siguiente:

Cierra los ojos e inhala profundamente. Exhala. Piensa en un problema que intentes dejar ir. Ahora, imagina que tienes un avión de papel frente a ti. Obsérvate poniendo el problema dentro del avión. Aun cuando el problema te parezca grande, cabe en el avión de papel. Inhala profundamente y, cuando exhales, lanza el avión al aire. Cuando lo sueltes, imagina que un soplo de viento se lo lleva. Aun con tu problema, el avión es tan ligero que flota en el aire, guiado por la brisa. Lo ves alejarse de ti. Sin tu problema, te sientes mucho más tranquilo.

¡Sigue así!

1 VOLEIBOL CON GLOBOS

Relee la actividad 3 y recuerda que la ira se parece a un globo que se infla. Infla un globo y úsalo para jugar voleibol con tu familia. No necesitan una net, basta con que traten de mantener el globo en el aire. ¡No dejen que toque el suelo! Cuando te sientas enojado, jugar voleibol con un globo es una forma segura de liberar un poco de esa energía.

HABILIDADES QUE SE PRACTICAN:

enfrentar la frustración y moverse

2 AVIONES DE PAPEL

Cada miembro de la familia hará un avión de papel y escribirá en él un problema o molestia que quiere soltar. Un adulto releerá el texto de la actividad 5. Al terminar, todos aventarán sus aviones de papel al mismo tiempo y verán cuáles vuelan más lejos.

HABILIDADES QUE SE PRACTICAN:

soltar y moverse

3 PLASTILINA CASERA

Siguiendo la receta de la siguiente página, prepara tu propia plastilina casera ¡y diviértete apretándola hasta sacar esa frustración!

HABILIDAD QUE SE PRACTICA:

enfrentar la frustración

RECETA: Mezcla 1 taza de harina y ¼ de taza de sal en un tazón grande. En un tazón más pequeño, revuelve ½ taza de agua tibia y unas gotas de colorante para alimentos. Vierte lentamente el agua en la mezcla de harina, revolviendo mientras la agregas para que se integre. Amasa la mezcla hasta que esté homogénea. Si la masa queda demasiado pegajosa, agrega más harina. Guárdala en un contenedor hermético.

4 DETENERSE

Invita a tu familia a bailar con música movida. Un miembro de la familia hará el papel de DJ y pausará la música de vez en cuando. Cuando la música se detenga, los bailarines deberán detenerse también.

HABILIDADES QUE SE PRACTICAN:

tomar un descanso y moverse

5 JUEGO DEL ABECEDARIO

Por turnos, se dice el abecedario mencionando un animal cuyo nombre comience con cada letra (A = ardilla, B = ballena, hasta llegar a la Z). Debe observarse que, mientras juegan, la mente de cada jugador esté enfocada en el juego y no en otros conflictos.

HABILIDAD QUE SE PRACTICA:

distracción

OTRAS CATEGORÍAS ALTERNATIVAS:

- Comida
- Nombres propios
- Ciudades
- Cosas del hogar

Capítulo 5

Resuelve los problemas

El capítulo 4 te enseñó a desprenderte de los problemas que no tienen solución o por los que no vale la pena estar enojado. Sin embargo, algunas dificultades sí pueden ser resueltas, ¡y es importante hacerlo! Es una habilidad necesaria para manejar la ira. Si puedes conversar sobre un conflicto con calma, y quizá prevenir que suceda, evitarás la molestia que pudiera ocasionarte. Este capítulo tal vez parezca difícil en algunos momentos, pero es el más enriquecedor. Una vez que hayas aprendido estas técnicas, te sentirás más en control de tus sentimientos y desafíos.

Lluvia de ideas

La lluvia de ideas es un concepto gracioso, y significa que se te ocurren un montón de cosas con respecto a algo. Ahora mismo te divertirás practicando la lluvia de ideas, para que seas un profesional cuando necesites esta habilidad más adelante en el capítulo. Siéntate en un lugar tranquilo, piensa en una pregunta y di en voz alta o escribe todo lo que te venga a la mente. ¡No existen ideas tontas!

PRÁCTICA 1 DE LLUVIA DE IDEAS

Escribe nombres de postres que contengan chocolate:

PRÁCTICA 2 DE LLUVIA DE IDEAS

Escribe palabras que rimen con morado:

_____   _____

_____   _____

_____   _____

_____   _____

_____   _____

PRÁCTICA 3 DE LLUVIA DE IDEAS

Escribe para qué sirve un tenedor,
además de para comer:

_____   _____

_____   _____

_____   _____

_____   _____

Trata de llegar a un acuerdo

Cuando estás peleando por algo con otra persona, ambos pueden enojarse. Es probable que quieras ganar y salirte con la tuya, y tal vez olvides que el otro también tiene sentimientos. ¿Qué hacer? Una forma pacífica de arreglar el problema es llegar a un acuerdo. Hay tres pasos para lograrlo:

1. Escucha la versión del otro.

2. Comparte la tuya.

3. Tengan una lluvia de ideas y elijan una solución juntos.

En las historias de la página siguiente, las personas tienen problemas para llegar a un acuerdo. Escucha las dos versiones y encierra en un círculo la idea que te parezca justa para *ambas* partes.

Aiden y Hannah se están peleando por un juguete. Aiden piensa que él debería jugar primero con este, pero Hannah piensa lo contrario. ¿Cuál sería un acuerdo justo?

A. Que Aiden tenga el juguete primero porque es mayor y más alto.

B. Echarlo a la suerte, lanzando una moneda al aire. Al cabo de 10 minutos, el juguete debe cambiar de manos.

Tanto Julie como Kim quieren una galleta, pero solo queda una. ¿Cuál sería un acuerdo justo?

A. Partir la galleta a la mitad.

B. Quien llegue primero a la galleta se la come.

Ryan está de visita en casa de su amigo Ethan y no se ponen de acuerdo sobre qué película ver. ¿Cuál sería un acuerdo justo?

A. Que Ethan elija la película porque están en su casa.

B. Buscar una película que les guste a los dos.

Aprende a empatizar

¿Es importante para ti que otros comprendan cómo te sientes? De ser así, ¡es normal! Todos queremos que nos entiendan. Eso significa que *los demás* también quieren que nosotros los comprendamos. No siempre es fácil saber qué está sintiendo la gente, pero la práctica ayuda. Lee las frases a continuación y únelas con la emoción que tú creas que experimenta cada persona.

Sentimientos:

Al papá de Haylee se le cayó un vaso e hizo un ruido muy fuerte.

Enojo

El pececito de Toby se murió.

Alegría

Libby descubrió que la aceptaron en el equipo de basquetbol.

Tristeza

La hermanita de Emmett lo pisó por accidente.

Cólera

El hermano de Olivia destruyó el cuadro que ella llevaba mucho tiempo pintando.

Miedo

¿Qué podemos hacer para descubrir lo que
otra persona siente? Usa la clave de la derecha para
decodificar las respuestas.

(¿Qué están haciendo con su rostro y su cuerpo?
¿Están llorando o poniendo cara de enojados?)

(¿Qué están diciendo? ¿Están hablando
tranquilamente o suenan alterados?)

(¿Se sienten heridos o enojados?)

CLAVE:

✳ = A

⬡ = E

△ = G

◯ = I

◻ = M

☾ = N

✚ = O

☆ = P

❋ = R

▭ = T

▱ = U

⬆ = Y

Replantea el problema

La manera en que piensas afecta tu actitud. Está bien molestarte cuando algo te irrita, pero culpar a otros (aun si no lo dices en voz alta) no te hará sentir mejor. Para modificar tu actitud, puedes replantear la situación. Eso significa cambiar el modo en que la ves. No hará que tu sentimiento de ira desaparezca por completo, pero es posible que te haga sentir mucho más en calma.

En la siguiente página verás parejas de oraciones: una suena negativa y la otra ha sido replanteada con una visión más positiva. Dibuja un rectángulo alrededor de la que suena negativa y un óvalo alrededor de la que suena positiva. Ejemplo:

¡Mi hermano mayor me ganó en un juego! Odio que gane.

Es agradable que mi hermano mayor quiera jugar conmigo.

Mi mamá se preocupa por mí y quiere que esté a salvo.

Mi mamá siempre me está diciendo qué hacer.

No me escogieron para el equipo de basquetbol. No es justo.

Ahora tendré más tiempo para jugar con mis amigos.

¡Mi hermanita copia todo lo que hago! Me molesta.

Mi hermanita me admira y quiere ser como yo.

Mi maestro quiere ayudarme a comprender mejor las cosas.

Mi maestro me pidió que me quedara a una tutoría después de la escuela. ¡No quiero!

Mi amigo tiró mi construcción de Lego. Puedo hacerla mejor. Fue un accidente.

No debí permitir que mi amigo se acercara. Fue su culpa.

¿Con quién puedes contar?

Cuando trates de resolver un problema, tal vez te sirva hablarlo con un adulto a quien le tengas confianza. Muchas veces, simplemente compartir tus sentimientos con otra persona te hace sentir menos enojado. ¡Pudieran sugerirte soluciones que no se te habían ocurrido! Haz una lista de las personas a quienes puedes pedirles ayuda y dibuja sus retratos en los marcos.

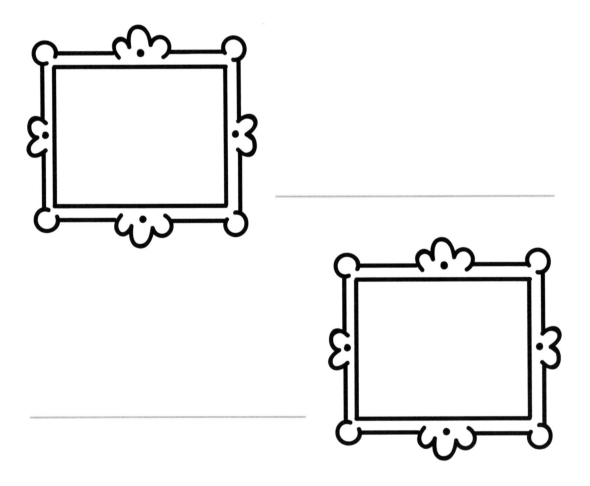

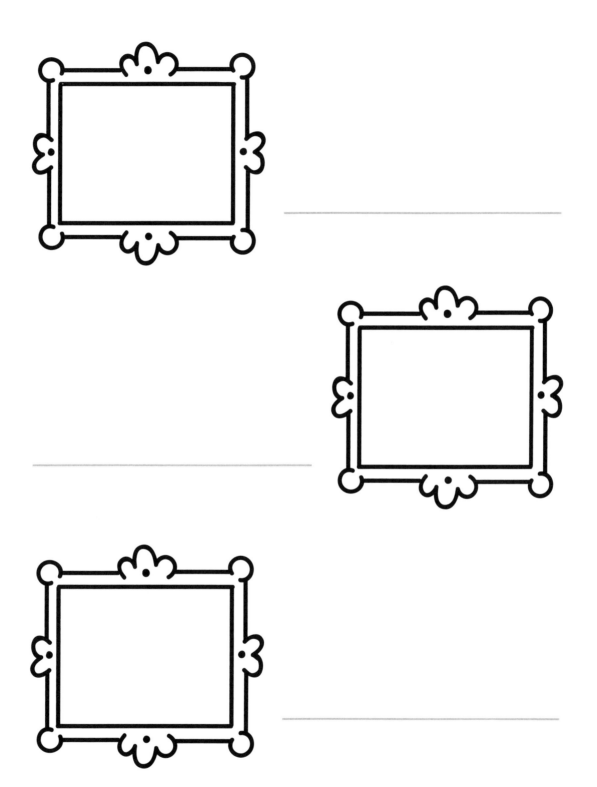

Encuentra una solución

Las actividades de este capítulo te han traído hasta aquí. ¡Es momento de resolver un problema tuyo! La sección de Respuestas al final de este libro ofrece un ejemplo de cada paso, si necesitas sugerencias.

PASO 1 **Escribe un problema que te haga enojar. (Revisa la actividad 2 del capítulo 1 si necesitas ideas)**

_____

PASO 2 **Usa la lluvia de ideas para buscar soluciones. ¡Escribe todas las que se te ocurran! No te preocupes por cuán realistas sean.**

_____

_____

_____

_____

PASO 3 ¡Recuerda considerar las consecuencias de tus actos! Repasa tu lluvia de ideas del paso 2 y tacha todas las que podrían:

- Lastimar, a ti o a otros
- Dañar cosas
- Meterte en problemas

PASO 4 Muéstrale a un adulto las ideas restantes. Permite que te ayude a tachar cualquier otra que pueda no ser realista o constructiva. También debes estar abierto a las soluciones que te sugiera.

PASO 5 ¡Decide qué solución vas a aplicar! Recuerda, está bien si la primera solución que pones a prueba no funciona. Siempre puedes volver a tu lista e intentar otra. Escribe la solución que vayas a poner en práctica primero:

¡Sigue así!

1 LLUVIA DE IDEAS CON LA FAMILIA

Hacer una lluvia de ideas es una forma divertida (¡y gratis!) de pasar tiempo en familia.

HABILIDAD QUE SE PRACTICA:

lluvia de ideas

2 ACTOS DE BONDAD AL AZAR

En familia, lleven a cabo un acto de bondad al azar. Los adultos deben dirigir la conversación sobre cómo se sentiría recibir esa bondad. Ideas: recoger basura en el parque, hornear galletas para ancianos, poner billetes de poco valor dentro de libros de la biblioteca, pagar la comida de otra mesa en un restaurante, ofrecerse como voluntarios en un refugio para animales, dejar una nota amable en el automóvil de un extraño.

HABILIDAD QUE SE PRACTICA:

empatía

3 REUNIONES FAMILIARES

Una vez a la semana, tengan una reunión familiar donde puedan conversar y resolver juntos los problemas del hogar. Comiencen y terminen la reunión señalando las cosas que aprecian unos de otros.

HABILIDADES QUE SE PRACTICAN:

resolución de problemas, conciliación y empatía

4 PUESTA EN ESCENA FAMILIAR

Monten una comedia en familia, dirigida por el niño que esté estudiando el libro. La obra puede ser de cualquier tema, y no es obligatorio que se relacione con la ira. La actividad requerirá habilidades estudiadas en este capítulo.

HABILIDADES QUE SE PRACTICAN:
lluvia de ideas, conciliación y resolución de problemas

5 BAILE FAMILIAR

Escuchen canciones que hablen de contar con otras personas, y canten y bailen juntos.

HABILIDAD QUE SE PRACTICA:
contar con otros

SUGERENCIAS DE CANCIONES:

- *Lean on Me*—Bill Withers
- *Count on Me*—Bruno Mars
- *One Call Away*—Charlie Puth
- *I Won't Let Go*—Rascal Flatts
- *Song for a Friend*—Jason Mraz
- *Ain't No Mountain High Enough*—Marvin Gaye y Tammy Terrell

Capítulo 6

¡Exprésate!

El capítulo 6 te ayudará a desarrollar y practicar tu capacidad de comunicación, para que puedas contarle a la gente cómo te sientes, además de escuchar su versión de las cosas. Es posible cometer errores de vez en cuando, por lo que también aprenderás a disculparte y hacer las paces con tus seres queridos después de lastimarlos. Estas habilidades facilitarán que te lleves bien con tus amigos y familiares, y se volverán parte de tu caja de herramientas para manejar la ira.

Comparte tus sentimientos

Hablar de tus sentimientos es muy importante, pero hacerlo no siempre es fácil. Es posible que no sepas exactamente qué sientes o qué palabras utilizar para describir tus emociones. Esta actividad te ayudará a practicar varias palabras para nombrar sentimientos, además de recordar lo que significan y cómo se sienten en tu interior. Usa las caritas como pistas para llenar el crucigrama de la siguiente página. Cada pista te muestra la inicial de la palabra y la cantidad de letras que contiene.

HORIZONTALES

2. C_ _ _ _ _ _ _ _ _

4. F_ _ _ _

7. E_ _ _ _ _ _ _ _ _

8. M_ _ _ _ _ _

VERTICALES

1. P_ _ _ _ _ _ _ _

3. S_ _ _ _ _ _ _ _ _

5. A_ _ _ _ _ _ _

6. E_ _ _ _ _ _

Ahora que has repasado varias palabras para nombrar emociones, ¡es el momento de practicar y hablar de ellas! Cuéntale a un miembro de tu familia alguna ocasión en que hayas experimentado cada uno de los siguientes sentimientos. Si te quedas sin palabras, pídele ideas a un familiar. ¡Quizá recuerde una época que tú hayas olvidado! Después de hablar sobre el sentimiento, marca la casilla.

- ☐ Enojo
- ☐ Miedo
- ☐ Felicidad
- ☐ Sorpresa
- ☐ Molestia
- ☐ Preocupación
- ☐ Entusiasmo
- ☐ Confusión

Mensajes con "yo"

Si algo te molesta, es buena idea pensar qué necesitas para sentirte mejor. A veces, tú mismo puedes proveértelo. En otros momentos, podrías pedirle ayuda a alguien de confianza. Eso no quiere decir que tendrás de inmediato lo que necesitas. ¡En ocasiones no es posible! Puedes decir algo como:

Yo me siento
_____

porque
_____.

Necesito
_____

EJEMPLOS DE NECESIDADES:

- Salir de casa
- Un abrazo
- Dormir o descansar
- Jugar
- Tiempo con papá o mamá
- Tiempo a solas
- Algo de comer o beber
- Hacer una pausa
- Respirar hondo

¿Te fijaste en que la oración anterior utiliza la palabra "yo"? Eso te hace dueño de tu sentimiento y tu necesidad, y evita que culpes a alguien más. "Yo necesito tiempo a solas" suena mucho mejor que "¡Sal de mi cuarto!". Practica hablar en primera persona. Puedes pensar en tus propias necesidades o usar los ejemplos de la página anterior.

Ejemplo: Tus padres han estado ocupados todo el día y has estado jugando por tu cuenta. Te sientes aburrido y solo.

Yo me siento ___solo___ porque _llevo todo el día jugando por mi cuenta_.

Necesito _tiempo con mi mamá o mi papá_.

1. No dormiste bien la noche anterior y ahora te sientes cansado.

Yo me siento _____ porque _____.
Necesito _____.

2. Has estado trabajando en tu tarea durante mucho tiempo y empiezas a sentirte frustrado.

Yo me siento _____ porque _____.
Necesito _____.

3. Tuviste un día pesado en la escuela y te sientes deprimido.

Yo me siento _____ porque _____.
Necesito _____.

Ponte en los zapatos del otro

Todos vemos las cosas desde ángulos diferentes. Lo que podría parecerte una broma graciosa o un acto inofensivo, podría alterar a otra persona, y viceversa. Para llevarnos bien con los demás, debemos ser capaces de anticipar lo que otros puedan pensar o sentir respecto a una cuestión. Algunas personas lo llaman "ponerse en los zapatos del otro", porque realmente intentas comprender cómo se sienten. Ver otra perspectiva requiere práctica, pero una vez que lo domines serás capaz de evitar conflictos en el futuro.

Lee las siguientes situaciones y encierra en un círculo la respuesta que consideres correcta. ¡Recuerda intentar comprender cómo se siente la otra persona!

Tu amiga Charlotte desea ver una nueva película que se acaba de estrenar. Tú ya la viste, así que le cuentas el final. Charlotte se enoja. ¿Por qué?

A. Ella quería ver el final.

B. Charlotte no es agradable.

Tu mamá acababa de limpiar el piso de la cocina, y entras caminando con los zapatos sucios. Tu mamá se molesta. ¿Por qué?

A. Está de mal humor.

B. Trabajó duro para limpiar el piso, y ahora está sucio otra vez.

Decides sorprender a tu hermano mayor corriendo y lanzándote sobre su espalda. Se zafa y te mira enojado. ¿Por qué?

A. Quiere ser malo contigo.

B. Lo asustaste, y es posible que también lo hayas lastimado.

Haces una broma sobre los zapatos de una niña de tu aula, y ella se pone triste. ¿Por qué?

A. La broma hirió sus sentimientos.

B. Es una llorona.

Controla el tono

Con nuestras palabras y acciones les mostramos a los demás cómo nos sentimos. Eso sucede también con nuestro tono de voz. No se trata solo de lo que decimos, ¡sino de la forma en que lo decimos! Lee en voz alta las oraciones de abajo probando diferentes tonos: emoción, enojo y tristeza. Observa que, aunque las palabras sean las mismas, el mensaje cambia con tu tono de voz.

LEE LA ORACIÓN EN VOZ ALTA:	MARCA LA CASILLA DE CADA TONO QUE USES:		
"Hay espagueti para cenar".	😀 ☐	😠 ☐	😢 ☐
"Hoy tengo escuela".	😀 ☐	😠 ☐	😢 ☐
"Riley vendrá a jugar más tarde".	😀 ☐	😠 ☐	😢 ☐

Intenta decir las siguientes frases que denotan molestia, primero con un tono frustrado, y luego con un tono tranquilo. Es una buena práctica para cuando quieras resolver un problema con otra persona. Incluso si te sientes enojado en tu interior, la gente escucha mejor cuando tu tono suena relajado.

LEE LA ORACIÓN EN VOZ ALTA:	MARCA LA CASILLA DE CADA TONO QUE USES:
"Deja ese juguete, no es tuyo".	☹ ☐ ☺ ☐
"Deja de burlarte, no me gusta".	☹ ☐ ☺ ☐
"A Maddy le dieron un panecillo, y a mí no".	☹ ☐ ☺ ☐

Escucha

Cuando trates de resolver un problema con alguien, es importante que escuches su versión de las cosas. Los tres pasos siguientes te ayudarán a comprender por qué importa, y qué puedes hacer al respecto.

PASO 1 ¿Cómo te sientes cuando no te escuchan? (Encierra en un círculo todas las respuestas que apliquen).

Molesto	Enojado
Herido	Triste
Frustrado	Confundido
Feliz	Ignorado

PASO 2 ¿Cómo crees que los demás se sienten cuando no los escuchas? (Encierra en un círculo todas las respuestas que apliquen).

Molestos	Enojados
Heridos	Tristes
Frustrados	Confundidos
Felices	Ignorados

Estos son algunos consejos para escuchar mejor. Ilustra cada idea con un pequeño dibujo.

Mira a la persona que te está hablando.

No interrumpas.

Escucha con atención.

Pregunta si no estás seguro.

¡Ahora pon esos consejos en práctica! Pídele a un familiar que te hable sobre su día, y mientras habla míralo y escucha con atención, sin interrumpir. Si estás confundido o tienes alguna duda, pregunta.

Cada vez que practiques esta tarea, marca una de las casillas.

☐ ☐ ☐ ☐ ☐

Haz las paces

Todos cometemos errores al decir o hacer algo que lastime a otros. Disculparse puede ser muy difícil a veces, pero cuando nos equivocamos es fundamental admitirlo. ¡Todos se sienten mejor! La próxima vez que cometas un error, sigue estos pasos para arreglar las cosas:

Escribe las letras señaladas con un 1.
¡Asegúrate de copiarlas en orden!

P_1	K	I_1	D_1	P	Q	E_1	Z	B	P_1	I

E_1	I	N	S	R_1	J	D_1	S	D	O_1	N_1

Paso 1 para hacer las paces: _____

Ahora copia las letras de los cuadros señalados con un 2.

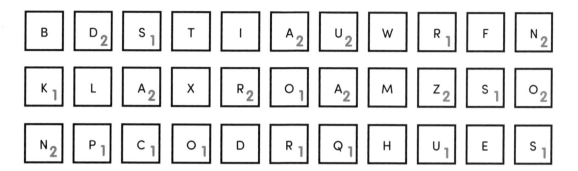

Paso 2 para hacer las paces: _____

Para la última ronda, la más difícil, escribe las letras señaladas con un 3.

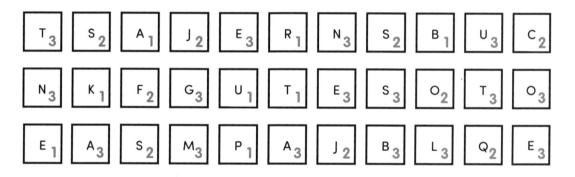

Paso 3 para hacer las paces: _____

¡También ayuda decir lo que debiste haber hecho de otra manera! Estos son los tres pasos: "Perdón (Paso 1) por tirar tu torre de bloques (Paso 2). Debí respirar y calmarme. Te ayudaré a componerla (Paso 3)".

¡Sigue así!

1 JUEGA

Elijan juegos para toda la familia que requieran habilidades de escucha, como "Simón dice" o "Teléfono". Los miembros de la familia deben sentirse en libertad de expresar sus necesidades, incluyendo pedir a otros que vayan más despacio o repitan algo.

HABILIDADES QUE SE PRACTICAN:

escuchar y comunicar las necesidades

2 TARJETAS DE DISCULPA

Los miembros de la familia usarán materiales de arte para hacer una tarjeta o carta dirigida a otra persona de la familia a quien hayan "lastimado" en el pasado, pidiéndole disculpas por el error cometido. Revisen las reglas para disculparse establecidas en la actividad 6.

HABILIDAD QUE SE PRACTICA:

hacer las paces

3 EL JUEGO DEL ESPEJO

Dos miembros de la familia se pararán uno frente a otro. Uno moverá su cuerpo o rostro, y el otro deberá copiar sus movimientos.

HABILIDAD QUE SE PRACTICA:

ponerse en el lugar del otro

4 REGULANDO EL TONO EN FAMILIA

En familia, intenten decir varias oraciones usando primero un tono molesto y luego un tono tranquilo. ¡Está bien jugar y divertirse con esto!

HABILIDAD QUE SE PRACTICA:

tono de voz

ALGUNAS FRASES PARA COMENZAR:

- "Me molesta cuando haces eso".
- "Perdón por pegarte".
- "No es justo. Tenemos que tomar turnos".
- "No te presto mis juguetes".
- "Por favor, dame un poco de espacio".

5 AFIRMACIONES EN PRIMERA PERSONA

Los miembros de la familia tomarán turnos para expresar en primera persona un sentimiento que hayan tenido durante el día. Revisen la actividad 2 y sigan el modelo. Ejemplo: Yo me sentí asustado hoy porque otro automóvil casi me choca. Tuve que pararme y respirar.

HABILIDADES QUE SE PRACTICAN:

hablar en primera persona, escuchar y compartir emociones

Capítulo 7

¡Siéntete increíble!

Has trabajado muy duro para aprender nuevas habilidades ¡y ya llegaste al último capítulo! Las herramientas para manejar la ira que se encuentran en las siguientes páginas también te ayudarán a sentirte bien. Con ellas podrás desarrollar técnicas para tener el cuerpo fuerte y la mente sana, y así manejar mejor la ira... ¡y sentirte increíble también!

Alimenta tu cuerpo (y tu mente)

Los alimentos que comes son el combustible que le permite a tu cuerpo correr, jugar y aprender cosas nuevas. Pero tal vez no sepas que la comida también modifica tu estado de ánimo. ¿Alguna vez has estado de mal humor y de pronto te sientes mucho mejor después de comer algo? ¡Puede suceder cuando tienes el estómago vacío! Comer suficientes alimentos nutritivos a lo largo del día te ayuda a manejar tus emociones, fortalecer tu cuerpo y concentrar tu mente.

¿Cuáles son tus alimentos saludables favoritos?
Dibújalos en el cuadro de abajo:

Encuentra todos los alimentos saludables en esta sopa de letras:

```
Z  F  F  R  U  T  A  T  P  P
U  B  A  T  I  D  O  H  E  A
T  D  G  T  A  C  C  A  Y  L
H  F  I  E  L  A  Q  M  O  O
R  Q  U  E  S  O  U  L  G  M
Q  P  M  U  M  Z  Q  Y  U  I
V  E  R  D  U  R  A  S  R  T
B  Y  G  C  E  Z  D  D  T  A
A  L  M  E  N  D  R  A  S  S
L  T  P  V  H  U  M  M  U  S
```

Almendras	Verduras	Yogurt
Batido	Hummus	Palomitas
Queso	Fruta	

Descansa tu cuerpo (y tu mente)

¿Sabías que tu cerebro crece y se fortalece mientras duermes? Todas las cosas que aprendes en el día, como matemáticas o historia (o las herramientas para manejar tus emociones), se almacenan en tu cerebro cuando estás profundamente dormido. Si no descansas, ¡tu cerebro no puede aprovechar el mejor momento para crecer! Dormir el tiempo suficiente también mejora tu estado de ánimo, lo que a su vez facilita el control de los sentimientos.

Para esta actividad, dibújate dormido en la siguiente página. Después, lee los consejos que se mencionan abajo para dormir bien toda la noche. Marca la casilla de los que pones en práctica ¡y encierra en un círculo alguno nuevo que te gustaría probar!

☐ Dejar las pantallas una hora antes de dormir

☐ Usar pijamas cómodos

☐ No comer o beber nada azucarado dos horas antes de dormir

☐ Darse un baño de tina o una ducha

☐ Acostarse a la misma hora todas las noches

☐ Leer un cuento

☐ Ponerse crema

☐ No levantarse de la cama en toda la noche

Actívate

Como sabes, hacer ejercicio ayuda a sacar de tu cuerpo la energía de la ira. Incluso si estás contento y no sientes enojo, la actividad física es genial para ti. El siguiente poema tiene montones de ideas sobre el ejercicio, ¡pero le faltan algunas palabras! Usa el banco de palabras de la página siguiente para llenar los espacios en blanco y completar la rima. Cuando hayas terminado el poema, subraya las ideas que más te gusten.

Tu cuerpo necesita ejercicio y hay mucho que puedes hacer: caminar, jugar a la pelota y también saltar.

Puedes ponerte tus botas y dar una vuelta a la glorieta, y otras veces salir a andar en tu magnífica _____.

Otras ideas buenas para tu corazón: nadar, patinar o practicar un arte marcial son pura _____.

Puedes bailar al ritmo de la música y mover las caderas, puedes practicar gimnasia y dar _____ .

Lanzar un Frisbee, atrapar la pelota, que tu perro te persiga por la acera o retar a tus vecinos a una _____ .

Antes de hacer ejercicio, haz estiramientos, ¡luego ve por tu familia y practiquen _____ !

BANCO DE PALABRAS:

Volteretas   Lanzamientos

Carrera   Bicicleta

Diversión

¡Aléjate de las pantallas!

Los aparatos electrónicos son muy divertidos, pero del mismo modo en que no se deben comer muchos dulces, tampoco se debe pasar mucho tiempo jugando videojuegos o viendo la tele. Estar muchas horas frente a una pantalla puede traer problemas de concentración y dificultad para controlar tus actos. También puede irritar y dificultar la relajación. ¿Alguna vez has reaccionado enfurecido cuando tus padres te limitan el tiempo frente a las pantallas? ¡Eso sucede cuando tu mente ha tenido demasiado!

Ayuda a Skylar a evitar las pantallas para que pueda cruzar el laberinto. ¡Al final le esperan (y a ti también) muchas actividades divertidas!

INICIO

FINAL

SEÑALA CON UN ASTERISCO TUS ACTIVIDADES FAVORITAS LEJOS DE LAS PANTALLAS:

- ☐ Salir
- ☐ Jugar cartas o juegos de mesa
- ☐ Leer
- ☐ Dibujar o colorear
- ☐ Armar un rompe-cabezas
- ☐ Jugar con juguetes

Cuídate, para poder ganar

En este libro aprendiste cómo cuidar tu cuerpo, tu cerebro y tus sentimientos. ¿Estás listo para probar tus habilidades y ver qué tanto recuerdas? Diviértete con el juego de mesa de la siguiente página. Cuando caigas en una casilla, responde la pregunta o realiza la actividad sugerida. Puedes jugar por tu cuenta o con tu familia.

Lanza una moneda. Si sale cara, avanza una casilla; si sale cruz, avanza dos. (Si tienes que retroceder y caes en una casilla con algo que ya hayas hecho, no lo tienes que repetir, ¡pero puedes hacerlo si quieres!).

SALIDA	Di un sinónimo de ira ➡️	¿Qué te gusta hacer para relajarte? ➡️	AVANZA UNA CASILLA ⬇️
RETROCEDE UNA CASILLA ⬇️	Respira lenta y profundamente tres veces ⬅️	Menciona una cosa por la que estés agradecido ⬅️	Di algo que te haga enojar ⬅️
¿Qué ejercicio puedes hacer? ➡️	AVANZA UNA CASILLA ➡️	Di algo que suceda en tu cuerpo cuando te enojas	Nombra a una persona con quien puedas contar ⬇️
¡META! ¿Qué te gusta de ti mismo?	Practica un estiramiento de yoga ⬅️	¿Qué ves, escuchas, sientes, hueles y degustas ahora? ⬅️	RETROCEDE UNA CASILLA ⬅️

¡No olvides divertirte!

Después de ir a la escuela, terminar tu tarea y ayudar en casa, ¡te mereces un poco de diversión en el día! Los pasatiempos nos dan felicidad y paciencia, y eso ayuda a que no nos molesten las pequeñeces.

Dibuja un círculo azul alrededor de los pasatiempos que haces, y un círculo rojo alrededor de los pasatiempos que te gustaría probar.

Cocinar y hornear   Hacer jardinería

Escuchar música   Leer

Montar bicicleta   Hacer deportes

Hacer manualidades   Construir

Hacer fotografías   Pintar

Escribir   Coleccionar

Dibújate haciendo uno de tus pasatiempos favoritos:

¿Practicas otros pasatiempos que no aparezcan
en la página anterior? Escríbelos aquí:

Celébrate

Tu ira no es lo que te define, ni lo más importante de ti. Eres un ser humano con tus propios pensamientos, sentimientos, opiniones, intereses, ideas y talentos. Eres valioso y mereces amor, aun cuando cometas errores. ¡Tus virtudes merecen ser celebradas! En el espacio siguiente, haz un dibujo de ti ¡y luego responde qué te hace ser *tú*!

Nombre: _____

Cumpleaños: _____

Comida favorita: _____

Asignatura favorita: _____

¿En qué eres bueno? _____

_____

¿A qué te quieres dedicar cuando seas grande? _____

_____

¿Qué superpoder te gustaría tener? _____

_____

Película favorita: _____

Color favorito: _____

Animal favorito: _____

¿Cuál es la mejor parte de ser tú? _____

_____

_____

_____

¡Sigue así!

1 DIVERSIÓN EN FAMILIA

En el capítulo anterior, hicieron una lluvia de ideas sobre cómo pasar tiempo en familia. Elijan una de esas ideas y llévenla a cabo juntos. ¡La única regla es que no debe involucrar pantallas!

HABILIDADES QUE SE PRACTICAN:

alejarse de las pantallas y divertirse

2 PREPARAR UN REFRIGERIO

En familia, preparen alguno de los siguientes refrigerios, y disfrútenlo juntos. Las familias también pueden crear sus propias recetas.

HABILIDADES QUE SE PRACTICAN:

comer saludable, divertirse y alejarse de las pantallas

OPCIONES:

- Mezcla de nueces, frutos secos, chispas de crema de cacahuate y M&M
- Batidos con frutas y verduras
- Hummus con verduras rebanadas y pan pita
- Hormigas en un tronco (tallos de apio con crema de cacahuate y pasas)
- Minipizzas: pan pita con salsa de tomate, queso mozzarella y otros condimentos

3 EN BUSCA DEL TESORO

Salgan de casa en familia y busquen los tesoros que se describen abajo, o hagan su propia lista. Anoten o tomen una foto de lo que encuentren (y dejen los objetos en su lugar).

Una piedra lisa, una piña, algo amarillo, huellas de animal, una flor, una ardilla, cualquier otro animal, una telaraña, agua (en un arroyo o estanque), un hormiguero, algo peludo, una bellota, dos tipos de hojas, un hongo, algo rojo.

HABILIDADES QUE SE PRACTICAN:

estar activo, divertirse y alejarse de las pantallas

4 COLLAGE

Con materiales de arte y revistas o periódicos viejos, los miembros de la familia harán collages de sí mismos, sus intereses y esperanzas. Luego, por turnos, presentarán su obra ante los demás.

HABILIDADES QUE SE PRACTICAN:

ocuparse en pasatiempos y celebrar las fortalezas

5 JUEGO DE MESA FAMILIAR

Los miembros de la familia usarán la actividad 5 como guía y crearán su propio juego de mesa para practicar la resolución de problemas y las habilidades de autocuidado que aprendieron en este libro de trabajo.

HABILIDAD QUE SE PRACTICA:

autocuidado

Más adelante

¡Felicidades, terminaste el libro de trabajo! Aprendiste muchas habilidades nuevas para identificar la ira, expresarla de una manera sana, resolver los conflictos y encontrar la calma. Aprendiste muchas cosas, y es posible que se te olviden algunas de vez en cuando. Para practicar esas técnicas, puedes releer las actividades del libro o pedirle a uno de tus padres que repase contigo alguna en particular. También puedes hablar de estas habilidades con tus amigos y otros miembros de la familia; ¡tal vez aprendan de ti!

Una vez que empieces a aplicar lo aprendido con regularidad, verás que te metes en menos problemas y que es más fácil llevarte bien con la gente que te rodea. Te sentirás más en control de tus emociones y tu comportamiento, y estarás más contento y tranquilo.

Sé que aprender estas habilidades no siempre resultó fácil, ¡y estoy orgullosa de que hayas seguido adelante! Espero que tú también te sientas orgulloso de ti.

Respuestas

CAPÍTULO 1

Actividad 1

Palabras decodificadas, en orden:
Malhumorado, Furioso, Enojado, Molesto, Frustrado

En orden ascendente en la escala: *Molesto, Malhumorado, Frustrado, Enojado, Furioso*

CAPÍTULO 2

Actividad 5
Solución a la sopa de letras:

CAPÍTULO 3

Actividad 1

Acertijo: *Aliento*
Palabras reordenadas, de arriba hacia abajo:
Cerebro, Pensar, Sentir, Calma
Llena el espacio en blanco: *12*
Resuelve el problema: *Katy tiene 10 y Blair tiene 11*

Actividad 3

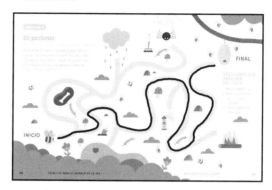

CAPÍTULO 4

Actividad 3
Palabras reordenadas, de izquierda a derecha: *Habla, Llorar, Escríbelo, Dibuja, Rompe, Grita*

Actividad 4

El dibujo por números debe decir: *MUEVE TU CUERPO*

CAPÍTULO 5

Actividad 2
Soluciones de acuerdo mutuo, de arriba hacia abajo: *b, a, b*

Actividad 3
Palabras decodificadas: *Mira, Oye, Pregunta*

Actividad 6
Ejemplo para encontrar una solución:

Paso 1: Problema que te hace enojar

- *Que mi amigo Jarron no quiera compartir su videojuego conmigo.*

Paso 2: Lluvia de ideas de soluciones

- *Arrebatarle a Jarron el videojuego. Decirle a Jarron que ya no voy a jugar con él a menos que me deje usar el videojuego.*

Invitar a Jarron a mi casa, pero no compartir nada con él para que sepa cómo se siente. Decirle a Jarron cómo me siento cuando no comparte. Empujar a Jarron. Jugar con otros amigos que sepan compartir.

Paso 3: Tacha las soluciones que puedan herir a personas, dañar cosas o meterte en problemas:

- ~~Arrebatarle a Jarron el videojuego. Decirle a Jarron que ya no voy a jugar con él a menos que me deje usar el videojuego.~~ Invitar a Jarron a mi casa, pero no compartir nada con él para que sepa cómo se siente. Decirle a Jarron cómo me siento cuando no comparte. ~~Empujar a Jarron.~~ Jugar con otros amigos que sepan compartir.

Paso 4: Convérsalo con un adulto y tacha cualquier otra idea que pueda no ser realista ni útill:

- ~~Invitar a Jarron a mi casa, pero no compartir con él para que sepa cómo se siente.~~ Decirle a Jarron cómo me siento cuando no comparte. Jugar con otros amigos que sepan compartir.

Paso 5: Elige una solución

- Decirle a Jarron cómo me siento cuando no comparte.

CAPÍTULO 6

Actividad 1

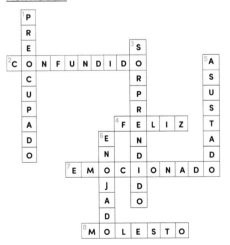

Actividad 3
Respuestas de las situaciones con otra perspectiva: *a, b, b, a*

Actividad 6
Paso 1: *Pide perdón*
Paso 2: *Da una razón*
Paso 3: *Ten un gesto amable*

CAPÍTULO 7

Actividad 1
Solución a la sopa de letras:

Actividad 3
Llena los espacios en blanco, en orden: *bicicleta, diversión, volteretas, carrera, lanzamientos*

Actividad 4

Recursos

LIBROS

Disciplina positiva, de Jane Nelsen

Este libro ofrece una guía para los padres para equilibrar la amabilidad y la firmeza en sus estrategias disciplinarias. Los padres aprenderán cómo llenar los vacíos de comunicación y reducir las luchas de poder.

El cerebro del niño, de Daniel Siegel y Tina Payne Bryson

Explica las mejores prácticas para responder a los exabruptos emocionales y los problemas conductuales de los niños, a partir de la neurociencia actual.

The Great Behavior Breakdown, de Bryan Post

Cubre los comportamientos más comunes y problemáticos que los padres enfrentan con sus hijos, y ofrece retroalimentación y estrategias para abordarlos en casa.

APLICACIONES

Calm

Esta aplicación ayuda a que los niños se calmen y se relajen, mediante meditaciones guiadas breves y sonidos tranquilizadores. También incluye "Historias para dormir", para ayudar a los usuarios a quedarse dormidos con más facilidad.

Breathe, Think, Do, with Sesame

Esta aplicación, más adecuada para niños pequeños, enseña cómo manejar la ira y la ansiedad, y cómo encontrar la calma.

ORGANIZACIONES

Asociación para la Terapia Lúdica (Association for Play Therapy)
www.a4pt.org
Visita la página para más información sobre terapias lúdicas o para encontrar un terapeuta lúdico para tu hijo.

Instituto de la Mente Infantil (Child Mind Institute)
www.childmind.org
Visita la página para encontrar artículos de alta calidad, basados en investigaciones sobre la salud mental de niños y adolescentes.

Sobre la autora

AMANDA ROBINSON obtuvo el título de bachiller en psicología por la Universidad Hardin-Simmons, y una maestría en terapia profesional por la Universidad de Texas. Es consejera profesional y terapeuta lúdica. Por varios años trabajó en agencias sin fines de lucro, tras lo cual abrió un consultorio privado donde trabaja con niños y adolescentes que presentan ansiedad, ira y trauma, además de dirigir grupos de paternidad. Actualmente, Amanda es presidenta de la sección regional de la Asociación de Texas para Terapia Lúdica (Texas Association for Play Therapy) y secretaria de la Asociación SandTray de Austin. Vive en Austin, Texas, y disfruta hornear, leer y hacer senderismo.

Para aprender más sobre niños, salud mental y paternidad, visita el blog de Amanda en

www.amandarobinsonlpc.com/blog